100 DINGE, die *Großeltern*

EINMAL IM LEBEN GETAN HABEN SOLLTEN

GROH

1.

Macht eine Foto-Zeitreise

Kramt die alten Fotoalben raus, macht es euch gemütlich und blättert durch eure Vergangenheit. Eure Enkel finden es sicher spannend, **OMA UND OPA** in jungen Jahren zu sehen.

ERLEDIGT!

2.

Verwöhnt nach Strich und Faden

Schokolade, Gummibärchen, Kekse und Co. – als Großeltern braucht man immer einen Vorrat an ungesunden Leckereien. Eure Enkel werden es lieben, sich bei euch durchzunaschen!

ERLEDIGT!

3.

Geht in ein Kindertheaterstück

Hänsel und Gretel, Peterchens Mondfahrt
oder Der gestiefelte Kater – sucht ein
altersgerechtes Stück aus und macht
euch einen vergnüglichen Nachmittag im Theater.
STRAHLENDE KINDERAUGEN INKLUSIVE!

 ERLEDIGT!

4.

Bastelt ein Kostüm

Karneval oder Halloween stehen vor der Tür und eure Enkel haben noch keine Verkleidung? Dann werdet selbst kreativ und entwerft, näht und bastelt ein ganz individuelles Kostüm.

ERLEDIGT!

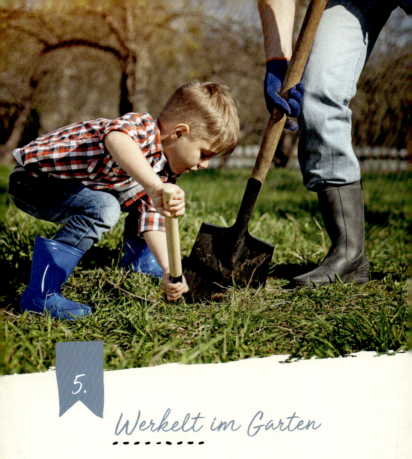

5.

Werkelt im Garten

Buddelt gemeinsam im Dreck, beobachtet die heimischen Vögel und erklärt euren Enkeln die Namen aller Pflanzen. Ihr werdet sehen, wenn auch ihr eure Umwelt mal wieder durch Kinderaugen betrachtet, werdet ihr **VIEL NEUES** entdecken.

◯ ERLEDIGT!

Erntet etwas

6.

Ob knackige Karotten und saftige Birnen aus dem eigenen Garten oder süße Erdbeeren auf dem Beerenfeld – selbst gepflückt und direkt **VERNASCHT SCHMECKT ES AM BESTEN.**

ERLEDIGT!

7. Kocht das Lieblingsessen eurer Kinder

Vielleicht fällt der Apfel ja auch kulinarisch nicht weit vom Stamm **UND EURE ENKEL MÖGEN** das gleiche wie ihre Eltern?

○ ERLEDIGT!

8. Backt einen Kuchen

Eier und Schmalz, Zucker und Salz, Milch und Mehl ...
Die Küche sieht danach zwar vielleicht aus wie ein Schlachtfeld, aber euren Enkeln macht es sicher viel Spaß den Teig zu kneten, die Rührhaken abzuschlecken und gespannt vor dem Ofen zu sitzen, bis der Kuchen fertig ist.

9.

Geht in den Streichelzoo

Es müssen nicht immer die exotischen Tierarten sein, auch die heimischen Tiere wie Ponys, Ziegen und Kaninchen kommen bei den Kleinen gut an. Und wenn sie die putzigen Vierbeiner dann auch noch streicheln und vielleicht sogar füttern dürfen,
SIND SIE AUF JEDEN FALL HIN UND WEG.

ERLEDIGT!

10.

Veranstaltet ein Schneckenrennen

Sucht ein paar der schleimigen Kriechtiere aus dem Garten, klebt jeder Schnecke eine Nummer auf ihr Häuschen, legt ein paar Salatblätter als Köder auf die Ziellinie und bringt
VIIIIEEEEL ZEIT MIT.

ERLEDIGT!

Baut eine Seifenkiste

11.

Hierfür ist handwerkliches Geschick gefragt: Baut aus Sperrholz, Rädern und Lenkseilen ein Miniaturautomobil für eure Enkel. **JE SKURRILER UND FANTASIEVOLLER** das Gefährt aussieht, desto besser!

ERLEDIGT!

Geht in den Botanischen Garten

12.

Schlendert gemeinsam durchs exotische Palmenhaus oder bewundert die Vielfalt heimischer Pflanzenarten. Die ausgedehnten Gartenanlagen bieten viel Platz zum Toben, laden aber auch zu romantischen Spaziergängen ohne Enkel ein.

ERLEDIGT!

13.

Geht angeln

Zugegeben, das lange Stillsein fällt euren Enkeln wahrscheinlich etwas schwer, aber wenn dann erst ein dicker Fisch am Haken hängt,
IST EIN LAUTER JUBELSCHREI ERLAUBT.

ERLEDIGT!

Füttert Enten

14.

Packt ein paar alte Brotstücke ein und
LOS GEHT'S IN DEN STADTPARK
oder zum nächsten Weiher.

ERLEDIGT!

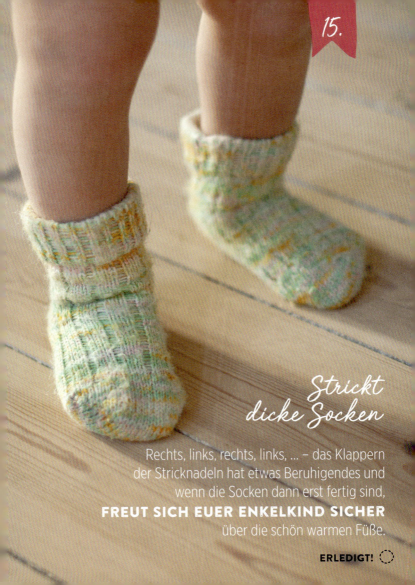

15.

Strickt dicke Socken

Rechts, links, rechts, links, ... – das Klappern der Stricknadeln hat etwas Beruhigendes und wenn die Socken dann erst fertig sind, **FREUT SICH EUER ENKELKIND SICHER** über die schön warmen Füße.

ERLEDIGT!

16.

Erfüllt einen Herzenswunsch

Eure Enkel fiebern schon das ganze Jahr auf Weihnachten hin und haben bereits im Sommer ihren allergrößten Herzenswunsch ans Christkind oder den Weihnachtsmann geschickt? Erfüllt ihnen in Absprache mit den Eltern **DIESEN WUNSCH** und freut euch über die leuchtenden Augen und die unbändige Freude unterm Weihnachtsbaum.

ERLEDIGT!

17.

Spielt auf dem Fußboden

Bausteine, Puzzle oder Eisenbahn – Kinder lieben es, auf dem Fußboden zu spielen. Sollte es euer Rücken noch erlauben, setzt euch dazu und **SPIELT MIT.** Vielleicht weckt das auch in euch wieder das Kind?

ERLEDIGT!

18.

Lest vor

Egal ob alte Märchenklassiker, Kinderbücher eurer Zeit oder die neuesten Fantasyromane – **KUSCHELT EUCH ZUSAMMEN** und lest euren Enkeln etwas vor. Je spannender ihr die Geschichten inszeniert, desto besser werden die Kleinen zuhören.

◯ ERLEDIGT!

Wechselt Windeln

19.

Das letzte Mal ist vermutlich schon etwas her, aber Windeln wechseln ist im Grunde doch wie Radfahren, das verlernt man nie. Also, Feuchttücher bereithalten,

NASE ZU UND LOS GEHT'S!

ERLEDIGT!

20.

Eröffnet ein Sparbuch

... und zahlt ab und an ein bisschen was ein. Oder ihr steckt hin und wieder ein Scheinchen in ein Sparschwein und schlachtet es gemeinsam am 18. Geburtstag. Spätestens, wenn die erste eigene Wohnung oder das erste Auto anstehen, werden eure Enkel euch dafür sehr dankbar sein!

○ ERLEDIGT!

Stöbert auf dem Dachboden

21.

Wer keinen Dachboden hat, geht einfach in den Keller. Hauptsache ihr befördert jede Menge
ALTER SCHÄTZE ANS LICHT,
zu denen ihr die ein oder andere interessante Geschichte erzählen könnt.

ERLEDIGT!

22. Reist an die Orte eurer Kindheit

Begebt euch zurück in eure Vergangenheit und **ZEIGT EUREN ENKELN,** wo ihr aufgewachsen seid.

◯ **ERLEDIGT!**

23. Reist weiter an die Orte eurer Jugend

Diesmal ohne Enkel, nur ihr beide. Klappert zusammen die Orte eurer gemeinsamen Vergangenheit ab und besucht den Ort eures ersten Kusses, eurer ersten gemeinsamen Wohnung, eurer Hochzeit, ... und schwelgt in Erinnerungen.

Macht Quatsch

24.

Den Erziehungsauftrag haben ja zum Glück die Eltern, da dürfen Oma und Opa sich schon mal einen Spaß erlauben und mit den Enkeln Blödsinn machen. Salzstreuer aufdrehen, Schnürsenkel zusammenbinden oder Sachen verstecken – da fällt euch doch sicherlich der ein oder andere Unsinn

AUS EUREN KINDERTAGEN EIN!

ERLEDIGT!

25.

Bastelt ein Haus

Dazu braucht ihr einen großen Pappkarton, ein Teppichmesser
UND EIN WENIG KREATIVITÄT.
Und fertig ist das erste Eigenheim eurer Enkel!

○ ERLEDIGT!

26.

Vererbt alte Familientraditionen

Wenn ihr die Kleinen schon früh
mit euren Familientraditionen vertraut macht
und sie gemeinsam immer wieder zelebriert,
könnt ihr euch sicher sein, dass sie einen
GANZ BESONDEREN PLATZ IN
den Herzen eurer Enkel einnehmen.

ERLEDIGT!

27.

Spielt Kaufladen

„Guten Tag, ich hätte gerne drei Äpfel,
eine Packung Nudeln, und ein Brot."
„Das macht 5,40€."

**FALLS EUCH DAS AUF DAUER
ZU LANGWEILIG IST, PROBIERT PUNKT 28.**

◯ **ERLEDIGT!**

28.

Geht in den Supermarkt

... und nehmt eure Enkel mit. Je nach Alter der Kleinen kann das ganz schön herausfordernd sein! Mal sehen, wer sich am Ende durchsetzt und wie viele Sachen im Wagen landen, die ihr eigentlich gar nicht kaufen wolltet.

◯ **ERLEDIGT!**

Holt eure Enkel ab — 29.

Ob aus der Kita, dem Kindergarten oder der Schule – eure Enkel freuen sich sicher riesig, wenn ihr statt Mama oder Papa vor der Tür steht.
UND FÜR EUCH IST ES SCHÖN,
einen Einblick in den Alltag der Kleinen zu bekommen.

ERLEDIGT!

30.

Vergrabt eine Schatzkiste mit Erinnerungen

Alte Fotos, Liebesbriefe oder wertvolle Münzen?
Der Inhalt eurer Schatzkiste bleibt natürlich euch überlassen.
IHR DÜRFT NUR NICHT VERGESSEN,
irgendwo einen Hinweis zu hinterlassen,
damit eure Enkel wissen, wo und
dass sie überhaupt suchen müssen.

ERLEDIGT!

31.

Fordert Fortuna heraus

Ob mit oder ohne Enkel – versucht euer Glück. **VIELLEICHT SEID IHR JA RICHTIGE GLÜCKSPILZE UND GEWINNT ETWAS?**

ERLEDIGT!

32.

Seid großzügig

LADET EURE ENKEL ZUM ESSEN EIN,
kauft ihnen eine Kleinigkeit im Spielzeugladen
oder zahlt eine Karussellfahrt auf dem Jahrmarkt.

○ **ERLEDIGT!**

33.

Lasst euch einladen

Wer sagt denn, dass immer ihr das Eis bezahlen müsst?
Lasst euch doch zur Abwechslung mal von euren Enkeln einladen.
Sie lassen bestimmt auch gerne mal eine Kugel
von ihrem Taschengeld für euch springen.

○ **ERLEDIGT!**

Repariert etwas

34.

Euer Enkelkind ist traurig, weil sein Lieblingsspielzeug kaputt gegangen ist? Holt den Werkzeugkasten und repariert es gemeinsam. Schließlich muss man nicht immer alles gleich wegschmeißen oder neu kaufen. Mit ein wenig handwerklichem Geschick lässt sich Vieles wieder auf Vordermann bringen.

ERLEDIGT!

35.

Drückt ein Auge zu

Eure Enkel sind außer Rand und Band, toben wie die Wilden und schreien markerschütternd – drückt ein Auge zu, **IM SPIEL** kann es schon mal lauter zugehen. Und wenn sie sich erst ausgetobt haben, folgt bestimmt eine ruhigere Phase.

ERLEDIGT!

36.

Lasst euch nicht alles gefallen

Die lieben Kleinen haben einen Teller
von eurem schönen Service kaputt gemacht
oder im Garten die Rosen zertrampelt?
Auch wenn es sicher nicht mit Absicht war,
gewisse Dinge müssen einfach nicht sein.
Sagt euren Enkeln, dass das so nicht geht,
dann passen sie beim nächsten Mal sicher besser auf.

ERLEDIGT!

37. Zeigt eure Hochzeitsfotos

Wie saht ihr aus, als ihr geheiratet habt und was habt ihr getragen? Sucht eure Hochzeitsfotos raus und lasst eure Enkel nachträglich am schönsten Tag eures Lebens teilhaben. Oder ihr schwelgt zu zweit in Hochzeitserinnerungen.

◯ **ERLEDIGT!**

38.

Schreibt euer Testament

Je größer die Familie ist, desto besser ist es, schon zu Lebzeiten festzulegen, wem man was vererben will. Vielleicht wollt ihr euren Enkeln ja ein ganz bestimmtes Erinnerungsstück vermachen?

ERLEDIGT!

39.

Legt euch ein Smartphone zu

Die modernen Senioren von heute sind digital vernetzt und technisch up to date. Also, besorgt euch ein Smartphone (falls ihr noch keines habt), chattet mit der Familie und surft wann immer ihr wollt im Internet. Bei Fragen und Problemen könnt ihr euch ja an die jüngere Generation wenden.

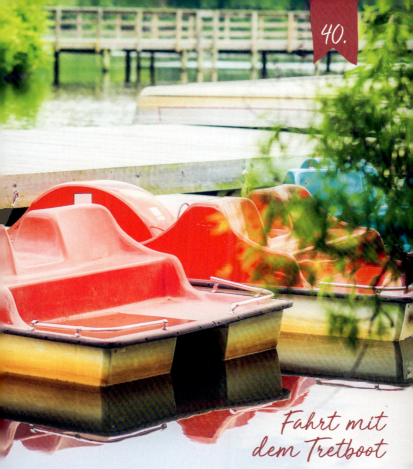

40.

Fahrt mit dem Tretboot

Ein lauer Sommertag, die Enkel sind zu Besuch und ihr habt noch keine Idee, was ihr unternehmen könntet? Mietet euch ein Tretboot und verbringt einen schönen Nachmittag auf dem kühlen Nass.

ERLEDIGT!

41.
Kramt in eurer Klamottenkiste

Omas Schlaghose aus den 70ern, Opas alte Lederjacke oder euer Hochzeits-Outfit – eure Enkel sind bestimmt beeindruckt zu sehen, wie flott ihr schon früher unterwegs wart. Und vielleicht wollen sie ja sogar das ein oder andere Schätzchen auftragen?

○ ERLEDIGT!

Schreibt eure Lieblingsrezepte auf

42.

Sicher, die Geschmäcker haben sich über die Jahre verändert, aber an alte Familienrezepte und damit verbundene Kindheitserinnerungen kommt kein modernes Kochbuch ran.

ERLEDIGT!

43.

Probiert ein neues Hobby aus

Ob Yoga, Fotografie oder Tango – besucht einen Kurs und testet eine **NEUE FREIZEITBESCHÄFTIGUNG.** Alleine oder zu zweit, das bleibt euch überlassen. Vielleicht findet ihr ja sogar etwas, was ihr gemeinsam mit euren Enkeln machen könnt!

ERLEDIGT!

44.

Engagiert euch ehrenamtlich

Schülerlotse, Flüchtlingshelfer oder Tierschützer – Jobs, bei denen ihr anderen **ETWAS GUTES** tun könnt, gibt es auch außerhalb der eigenen Familie genug. Sucht euch das, was euch Spaß machen könnte und probiert es einfach mal aus.

ERLEDIGT!

45.

Sagt Ja

Eure Kinder brauchen einen Babysitter und
bitten euch um Hilfe? Bietet eure Unterstützung an.
Schließlich macht es euch ja auch Spaß,
ZEIT MIT EUREN ENKELN ZU VERBRINGEN.

◌ **ERLEDIGT!**

46.

Sagt Nein

Ihr habt eigentlich schon etwas anderes vor und könnt
nicht auf die Kleinen aufpasssen? Sagt ehrlich,
wenn es euch nicht passt.
Schließlich habt ihr auch noch euer eigenes Leben.

◌ **ERLEDIGT!**

Lasst einen Drachen steigen

47.

Wenn der Herbst kommt und der Wind ordentlich bläst,
wird es Zeit, die bunten Flieger steigen zu lassen.
Egal ob selbst gebastelt oder gekauft,
auf die richtige Technik kommt es an.
Da werden bei euch bestimmt auch
Kindheitserinnerungen wach!

ERLEDIGT!

48.

Betreibt Ahnenforschung

Wo kommen eure Vorfahren her und bis in welches Jahrhundert lassen sich eure Familienbande zurückverfolgen?
BEGEBT EUCH AUF EINE REISE ZU EUREN WURZELN.

Zeichnet euren Stammbaum

49.

Dokumentiert alle Ergebnisse aus Punkt 48, **DAMIT EURE ENKEL, URENKEL, URURENKEL, ...** später auch ihre Herkunft nachverfolgen können.

ERLEDIGT!

50.

Lasst euch belehren

Jugendsprache, Computertricks oder die neuesten Modetrends – vermutlich könnt ihr auf einigen Gebieten noch
VIEL VON EUREN ENKELN LERNEN.

○ ERLEDIGT!

Verbringt Zeit zu zweit

51.

Nehmt euch jede Woche ganz bewusst Zeit, die nur euch beiden gehört.
GENIESST, DASS IHR EINANDER HABT!

ERLEDIGT!

52.

Verbündet euch

Euer Enkelkind hat sich mit seinen Eltern gestritten und sucht Trost bei euch? Verbündet euch mit ihm und bietet ein offenes Ohr und eine Schulter zum Anlehnen. Wenn euer Enkelkind sich seinen Frust erstmal von der Seele geredet hat, könnt ihr gemeinsam **NACH EINER LÖSUNG SUCHEN UND ZWISCHEN DEN FRONTEN VERMITTELN.**

◌ ERLEDIGT!

Erzählt eine Gute-Nacht-Geschichte

53.

Lasst eurer Fabulierlust freien Lauf! Eure Enkel werden es lieben,
WARM EINGEKUSCHELT IM BETT ZU LIEGEN
und euren spannenden Erzählungen zu lauschen.

ERLEDIGT!

Gebt Ratschläge

54.

Steht euren Enkeln mit Rat und Tat zur Seite. Schließlich habt ihr die nötige Lebenserfahrung und Besonnenheit, um ihnen **DER BESTE RATGEBER ZU SEIN.**

◯ ERLEDIGT!

55.

Seid dabei

... bei der ersten großen Rolle im Schultheater, bei dem wichtigen Fußballspiel, bei der Abiturfeier ... Setzt euch mit stolz geschwellter Brust ins Publikum
UND JUBELT UND KLATSCHT,
was das Zeug hält.

ERLEDIGT!

56.

Spielt im Sand

Burgen bauen, Kuchen backen, Löcher buddeln –
SEID MIT LEIDENSCHAFT DABEI
und stört euch nicht daran,
wenn ihr Sand in die Schuhe bekommt.

○ **ERLEDIGT!**

57.

Feiert Kindergeburtstag

MIT TOPFSCHLAGEN, LUFTBALLONS UND SÜSSIGKEITEN
bis zum Abwinken.

ERLEDIGT!

58.

Geht ins Kino

... und schaut mit euren Enkeln einen tollen Kinderfilm ganz nach ihrem Geschmack. Popcorn und Softdrink inklusive! Oder ihr macht euch zu zweit einen gemütlichen Abend und geht alleine ins Kino.

ERLEDIGT!

59.

Vererbt eure Leidenschaft

Lasst eure Enkel an eurem
LIEBSTEN HOBBY TEILHABEN.
Egal ob Schach, Stricken oder Wandern –
vielleicht teilen sie ja eure Begeisterung?

Bildet euch weiter — 60.

Besucht einen Volkshochschulkurs, lest Fachliteratur über ein euch unbekanntes Thema oder geht auf Studienreise.

HAUPTSACHE IHR REGT EURE GRAUEN ZELLEN AN!

ERLEDIGT!

Macht eine Kissenschlacht

61.

Aus dem Alter seid ihr raus? Von wegen! Jeder bewaffnet sich mit so vielen Kissen, wie er halten kann und los geht's! Ihr werdet sehen, nicht nur eure Enkel werden einen Heidenspaß haben.

ERLEDIGT!

Fahrt mit dem Zug

62.

S-Bahn, U-Bahn oder Straßenbahn gehen auch, Hauptsache die Kleinen dürfen am Fenster sitzen und dem Schaffner das Ticket zeigen.

ERLEDIGT!

63. Übernehmt eine Wochenendschicht

Entlastet die Eltern und kümmert euch ein ganzes Wochenende um eure Enkel. Es wird bestimmt etwas anstrengend, **ABER AUCH UNGLAUBLICH SCHÖN.**

○ ERLEDIGT!

64.

Freut euch

... wenn die Kleinen dann am Sonntag abgeholt werden und ihr die Verantwortung wieder abgeben dürft.
DAS IST DOCH WIRKLICH DAS BESTE AM GROSSELTERN-DASEIN!

ERLEDIGT!

Bleibt mobil

65.

Wie heißt es so schön: Wer rastet, der rostet. Also, runter vom Sofa und raus an die frische Luft. Vielleicht haben eure Enkel ja Lust auf eine Radtour **ODER EINE AUSGIEBIGE WANDERUNG?**

ERLEDIGT!

66.

Gebt Hilfestellung

Die ersten wackeligen Schritte, das erste Mal Fahrradfahren, die ersten Worte – helft den Kleinen beim groß werden und genießt es, ein Teil ihres Lebens zu sein und all die Meilensteine und Etappenziele miterleben zu dürfen.

ERLEDIGT!

67. Werdet Studenten

Das Berufsleben liegt bereits hinter euch und ihr habt keine Lust auf schnödes Rentnerdasein? Dann schreibt euch doch an der Uni ein und besucht zusammen mit all den jungen Leuten die Vorlesungen. Vielleicht trefft ihr ja auch eure Enkel auf dem Campus?

ERLEDIGT!

68.

Geht Schlittenfahren

Der erste Schnee ist gefallen und hat die Landschaft in ein weißes Winterwunderland verwandelt. Dann nichts wie raus zu einer **WILDEN RUTSCHPARTIE.** Aber Vorsicht: Viel Ausdauer mitbringen, die Kleinen wollen sicher mehr als ein Mal den Hang runterrutschen.

ERLEDIGT!

69.

Genießt die Weihnachtszeit

Plätzchen backen, Christbaumschmuck basteln, über den Weihnachtsmarkt schlendern – in dieser Jahreszeit gibt es viel zu erleben. Stürzt euch in die Vorbereitungen und fiebert **GEMEINSAM** mit der Großfamilie auf Heiligabend hin.

ERLEDIGT!

Spielt Weihnachtsmann und Christkind

70.

VERKLEIDET EUCH – Opa mit roter Mütze und Rauschebart, Oma mit Heiligenschein und Engelsflügeln – und überrascht eure Enkel mit kleinen Geschenken.

ERLEDIGT!

Geht in die Kinderbücherei

71.

... und leiht zusammen ein paar schöne, spannende oder lustige Bücher aus. Und danach heißt es:

LESEN, LESEN, LESEN.

○ ERLEDIGT!

72. Macht einen Familienurlaub

Packt die Koffer und los geht's zum Strandurlaub mit der ganzen Familie. Sandburgen bauen, im Wasser planschen und ganz viel Zeit mit all euren Lieben verbringen. Nach dem ganzen Trubel habt ihr euch dann Punkt 92 redlich verdient.

ERLEDIGT!

73.

Macht einen gemütlichen Fernsehabend

Was gibt es Schöneres, als im Schlafanzug
mit jeder Menge Knabberzeug und
einem Stapel DVDs vor dem Fernseher zu sitzen?
GEHT MIT UND OHNE ENKEL!

◯ ERLEDIGT!

Kocht Marmelade

74.

Omas Marmelade schmeckt am besten!
DAS WISSEN SICHER AUCH EURE ENKEL.
Zeigt ihnen, wie man die Früchte einkocht und
weiht sie in eure Marmeladengeheimnisse ein.

ERLEDIGT!

75.

Habt Verständnis

Euer Enkelkind steckt mitten in der Pubertät und hat fürchterliche Laune?
SEID VERSTÄNDNISVOLL –
Teenager sein ist nicht leicht. Vielleicht könnt ihr euch ja selbst noch gut an eure eigene Jugendzeit mit all ihren Höhen und Tiefen erinnern? Erzählt doch mal von euren Erlebnissen damals, das heitert euer Enkelkind bestimmt auf.

ERLEDIGT!

76.

Zeigt peinliche Fotos

Ob von euch oder von euren Kindern, das bleibt euch überlassen. Die Enkel finden **ES SICHER LUSTIG ZU SEHEN,** welche Modesünden ihre Eltern oder Großeltern begangen haben.

ERLEDIGT!

Geht auf den Markt 77.

Kennen die Kleinen schon all die verschiedenen Obst- und Gemüsesorten? Schlendert zusammen **ÜBER DEN WOCHENMARKT** und kauft für ein leckeres Abendessen ein.

○ ERLEDIGT!

78.

Sorgt für Badespaß

Quietscheentchen, Wasserspielzeug, Badeschwamm und gaaanz viel Schaum – lasst eure Enkel **SCHWIMMEN UND PLANSCHEN** so viel sie wollen.

ERLEDIGT!

79.

Geht auf den Spielplatz

... UND RUTSCHT, SCHAUKELT, SPIELT UND TOBT
den ganzen Nachmittag. Anschließend sind eure Enkel
sicher müde und ein früher Feierabend ist euch
und ihren Eltern garantiert!

◯ **ERLEDIGT!**

80.

Beichtet eure Jugendsünden

Den ein oder anderen Fauxpas habt ihr
euch doch sicherlich mal geleistet, oder?
Erzählt euren Enkeln ein paar eurer Fehltritte.
Sie finden es bestimmt **COOL** zu hören,
dass Oma und Opa mal ganz
schöne Draufgänger waren.

ERLEDIGT!

81. Sucht nach Ähnlichkeiten

Natürlich ist jeder Mensch anders, aber nach der ein oder anderen Ähnlichkeit zwischen euren Enkeln, euren Kindern und euch zu suchen, macht einfach Spaß.
Also: Von wem hat euer Enkelkind die Nase?
Und wo kommt eigentlich dieser Dickkopf her?

◯ **ERLEDIGT!**

Freut euch über kleine Kunstwerke

Es gibt doch nichts Schöneres, als wenn Kinder stolz ihr selbstgemaltes oder gebasteltes Kunstwerk präsentieren. Haltet diese Meisterwerke in Ehren und gebt ihnen einen **GANZ BESONDEREN PLATZ** in eurer Wohnung.

83.

Macht einen Spieleabend

Mensch ärgere dich nicht, Stadt-Land-Fluss oder Kniffel – Spielen macht Spaß und verbindet Jung und Alt.
Also, sucht euch eure Lieblingsspiele aus, stellt Getränke und kleine Snacks bereit und
LASST DIE SPIELE BEGINNEN!

ERLEDIGT!

Singt Kinderlieder

84.

Kinder lieben Musik und viele singen oft, sobald sie sprechen können. Bringt euer Repertoire an Kinderliedern auf Vordermann und singt mit euren Enkeln Der Kuckuck und der Esel, Hänschen klein und Co.

ERLEDIGT!

85.

Besucht Konzerte

Ihr nehmt eure Enkel mit auf ein Konzert, bei dem eure Lieblingsmusik gespielt wird und beim nächsten Mal geht ihr mit zur Lieblingsband eurer Enkel. Vielleicht teilt ihr ja gegenseitig eure Vorlieben?
SEID OFFEN FÜR ALLES!

ERLEDIGT!

86.

Seid ein Vorbild

Geht als gutes Beispiel voran und lebt euren Enkeln all die Werte vor, die ihr für wichtig haltet:

HILFSBEREITSCHAFT, SELBSTVERTRAUEN, TOLERANZ, NÄCHSTENLIEBE, ...

ERLEDIGT!

87.

Seid kein Vorbild

Seid nicht päpstlicher als der Papst ...
Es muss nicht immer picobello aufgeräumt sein und die dreckigen Socken können auch morgen noch in den Wäschekorb wandern.

ERLEDIGT!

88.

Tobt euch aus

Hoppe hoppe Reiter, Engelchen flieg und Co. – ihr absolviert ein kleines Workout **UND EURE ENKEL HABEN IHREN SPASS.**

○ ERLEDIGT!

89.

Spielt ein Videospiel

Nachdem ihr Punkt 83 abgehakt habt,
könnt ihr euch nun an
die virtuelle Welt heranwagen.
Lasst euch von euren Enkeln zeigen,
wie man die Spielkonsole bedient.
Wer weiß, vielleicht zockt ihr sie ja sogar ab?

ERLEDIGT!

90.

Erlaubt etwas

... das eure Enkel nur dürfen, wenn sie bei Oma und Opa zu Besuch sind: den ganzen Tag im Schlafanzug bleiben, **SPÄT ZU BETT GEHEN,** lange Fernsehen, eine ganze Tüte Gummibärchen essen ...

ERLEDIGT

Hört Musik von früher

91.

Holt den alten Plattenspieler hervor und legt eure Lieblingsmusik von früher auf. Und wenn ihr dann erst anfangt eine flotte Sohle aufs Parkett zu legen, werden eure Enkel aus dem Staunen gar nicht mehr herauskommen.

ERLEDIGT!

92.

Macht ein Wellness-Wochenende

... und gönnt euch eine kleine Auszeit.
Einfach mal die Seele baumeln lassen,
ohne Stress, ohne Enkel, ohne Alltag.
Nur ihr zwei in einem schönen Wellness-Hotel.
DAS HABT IHR EUCH VERDIENT!

ERLEDIGT!

93.

Esst gesund

Obst, Gemüse und Vollkornprodukte –
eure Kinder werden euch lieben, wenn sie wissen,
DASS DIE ENKEL BEI EUCH
nur Gesundes zu essen bekommen.

ERLEDIGT!

94.

Esst ungesund

Pommes rot-weiß, eine fettige Pizza und danach
ein großes Eis – eure Enkel werden euch lieben, wenn sie
bei euch ausnahmsweise auch mal Fastfood essen dürfen.
Und die Eltern müssen ja nicht alles wissen …

ERLEDIGT!

95.

Schreibt einen altmodischen Brief

Nehmt Füller, Tinte und edles Briefpaper und schreibt euren Enkeln einen schönen, langen Brief. Sie werden ihn sicher in Ehren halten. Vielleicht schreiben sie euch ja auch einen Brief zurück und es entwickelt sich sogar so etwas wie eine Brieffreundschaft zwischen euch?

ERLEDIGT!

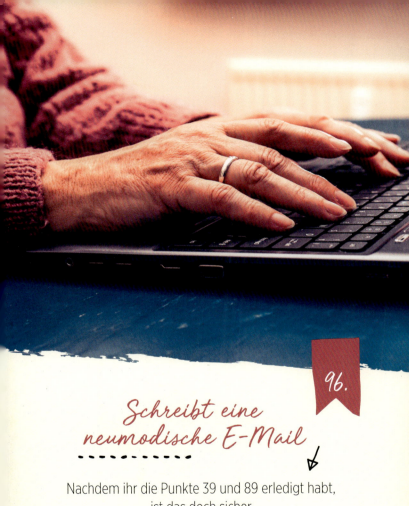

96. Schreibt eine neumodische E-Mail

Nachdem ihr die Punkte 39 und 89 erledigt habt, ist das doch sicher
EURE LEICHTESTE ÜBUNG!

ERLEDIGT!

97. Spielt Krankenpfleger

Euer Enkelkind ist krank und die Eltern brauchen dringend eine Pause? Päppelt es mit Hühnersuppe, einer Märchenstunde und ganz
VIELEN KUSCHELEINHEITEN WIEDER AUF.

ERLEDIGT!

98.

Verbringt einen romantischen Abend

Euer letztes Candlelight-Dinner ist schon eine Weile her? Dann wird es aber mal wieder Zeit! Reserviert euch einen Tisch in einem schicken Restaurant, schmeißt euch in Schale und
GENIESST DIE ZWEISAMKEIT.

ERLEDIGT!

99.

Seid immer für eure Kinder da

... DENN ELTERNSEIN HÖRT NIE AUF,
auch wenn eure Kinder nun selbst Eltern sind.

ERLEDIGT!

100.

Seid immer für eure Enkelkinder da

... denn Großelternsein hört auch nie auf.
GENIESST JEDEN TAG,
den ihr mit eurer Familie verbringen dürft und
freut euch, dass all das nur dank euch existiert.

ERLEDIGT!

Blumen für Oma?
Eine Krawatte für Opa?

Geschenke, die von Herzen kommen,
finden Sie auf:

www.groh.de
facebook.com/grohverlag

Die nachhaltige Waldbewirtschaftung und die verantwortungsvolle Gewinnung des Rohstoffs Papier ist uns ein Anliegen. Daher werden alle Buch- und Kalender-Neuheiten auf FSC®-zertifiziertem Papier gedruckt.

Familie bedeutet Geborgenheit. Familie bedeutet Menschen, die für uns da sind und auf die wir uns verlassen können. Uns verbinden Erinnerungen, die wir teilen, und Emotionen, die uns bewegen. Das macht das Schenken viel leichter – aber auch schwerer. Geschenke können schließlich vieles sagen. Damit Sie sich auf die Geste des Schenkens konzentrieren können, übernehmen wir bei GROH die Botschaft. Denn als Familienunternehmen wissen wir, worauf es ankommt.

Ihr Joachim Groh

Dieses Buch entstand in enger Zusammenarbeit mit meiner Kollegin Paulina Palomino.
Vielen Dank an alle Beteiligten.
Laura Petersen

Idee und Konzept:
GROH Verlag. Das Werk einschließlich seiner Teile ist urheberrechtlich geschützt. Jede Verwertung außerhalb der engen Grenzen des Urheberrechtsgesetzes ist ohne Zustimmung des Verlages unzulässig und strafbar. Das gilt insbesondere für Kopien, Einspeicherung und Verarbeitung in elektronischen Systemen.

Bildnachweis: Cover, S. 1 und 93: iStock.com/MilosStankovic, Shutterstock/Marish; Gestaltungselemente Innenteil: Shutterstock/Milian M (Hintergrundstruktur); Shutterstock/Fossin (Polaroid); Shutterstock/Marish (Label); S. 2: Getty Images/Cultura/Daniel Ingold; S. 3: Getty Images/DigitalVision/Thomas Northcut; S. 4: Getty Images/Digital Vision/Colin Hawkins; S. 5: Getty Images/Moment/Carol Yepes; S. 6: iStock.com/Zinkevych; S. 7: Getty Images/Westend61; S. 8: Shutterstock/Curly Roo; S. 9: Shutterstock/Natalia Kirichenko; S. 10: iStock.com/pixinoo; S. 11: iStock.com/Sohl; S. 12: iStock.com/rabbit75_ist; S. 13: iStock.com/mediaphotos; S. 14: iStock.com/MCCAIG; S. 15: iStock.com/MarinaCH; S. 16: iStock.com/Steve Debenport; S. 17: iStock.com/W6; S. 18: Shutterstock/Tania Kolinko; S. 19: Shutterstock/avtk; S. 20: Shutterstock/Naypong; S. 21: iStock.com/cyano66; S. 22: iStock.com/zmicierkavabata; S. 23: iStock.com/LightFieldStudios; S. 24: iStock.com/wundervisuals; S. 25: iStock.com/VikaRayu; S. 26: iStock.com/Lesia_G; S. 27: Getty Images/Photononstop/Faure et Blanchard; S. 28: Shutterstock/Boling; S. 29: iStock.com/jodi jacobson; S. 30: iStock.com/Koszubarev; S. 31: iStock.com/vadimguzhva; S. 32: Getty Images/Momenz open/Alison Crane Photography; S. 33: Getty Images/Blend Images/John Lund/Nevada Wier; S. 34: iStock.com/DragonImages; S. 35: Getty Images/Caiaimage/Agnieszka Wozniak; S. 36: iStock.com/eclipse_images; S. 37: iStock.com/CatLane; S. 38: iStock.com/evemilla; S. 39: Shutterstock/Jiri Hera; S. 40: iStock.com/Denisfilm; S. 41: iStock.com/Gizmo; S. 42: iStock.com/Tiyas; S. 43: iStock.com/morrbyte; S. 44: iStock.com/bgwalker; S. 45: iStock.com/Lokibaho; S. 46: iStock.com/Milaspage; S. 47: Shutterstock/DGLimages; S. 48: iStock.com/anyaberkut; S. 49: iStock.com/PeopleImages; S. 50: Getty Images/Blend Image/Terry Vine; S. 51: iStock.com/AzmanL; S. 52: iStock.com/maximkabb; S. 53: Shutterstock/Iurii Kiliian; S. 54: iStock.com/winyuu; S. 55: iStock.com/Connel_Design; S. 56: iStock.com/Renphoto; S. 57: iStock.com/Halfpoint; S. 58: iStock.com/YakobchukOlena; S. 59: Shutterstock/Halfpoint; S. 60: Shutterstock/Igor Normann; S. 61: iStock.com/cipella; S. 62: iStock.com/baona; S. 63: iStock.com/Zoran Mircetic; S. 64: iStock.com/gpointstudio; S. 65: iStock.com/Wavebreakmedia; S. 66: iStock.com/Jure Gasparic; S. 67: iStock.com/Wavebreakmedia; S. 68: iStock.com/vgajic; S. 69: iStock.com/8vFanl; S. 70: iStock.com/dstaerk; S. 71: iStock.com/Shanina; S. 72: iStock.com/obvanhal; S. 73: iStock.com/IPGGutenbergUKLtd; S. 74: iStock.com/mgorthand; S. 75: iStock.com/1stGallery; S. 76: iStock.com/catscandotcom; S. 77: iStock.com/agalma; S. 78: iStock.com/Yommy8008; S. 79: Shutterstock/Stasique; S. 80: Shutterstock/melis; S. 81: iStock.com/alla_snesar; S. 82: iStock.com/supersizer; S. 83: iStock.com/lisafx; S. 84: iStock.com/kaisphoto; S. 85: Shutterstock/Valentin Agapov; S. 86: iStock.com/MarsBars ; S. 87: Shutterstock/r.kathesi; S. 88: iStock.com/ultramarinfoto; S. 89: Shutterstock/Lolostock; S. 90: Shutterstock/Smitt; S. 91: iStock.com/kieferpix; S. 92: Shutterstock/Kanittha Boon.

Layout & Satz: Christin Bussemas Ampersand loves

100 Dinge, die Großeltern einmal im Leben getan haben sollten
ISBN 978-3-8485-1973-6
© GROH Verlag GmbH, 2018